IK 10 32

DES COLONIES FRANÇAISES

AUX INDES ORIENTALES.

LETTRE

ADRESSÉE A LA CHAMBRE DES DÉPUTÉS

PAR

CASIMIR LECONTE.

PARIS,

IMPRIMERIE DE JULES DIDOT L'AINÉ,

Nº 6, RUE DU PONT-DE-LODI.

1831.

A MESSIEURS

LES

DÉPUTÉS DES DÉPARTEMENTS.

Messieurs,

Lorsqu'une grande catastrophe politique reste suivie d'un ébranlement profond dans l'existence des hommes comme dans la nature des choses, lorsque les dépenses de l'État tendent à s'augmenter, tandis que des branches importantes de son revenu éprouvent une diminution, il est plus que jamais du devoir de tout bon citoyen de contribuer, s'il lui est possible, à éclaircir les questions soumises à vos délibérations. C'est du concours des expériences particulières que naîtra cette grande expérience nationale dans laquelle vous puiserez les moyens d'assurer la prospérité de notre patrie.

La discussion du budget de 1832 va s'ouvrir,

et jamais peut-être il n'aura été plus nécessaire d'examiner avec soin toutes les parties de cet important épisode de vos travaux législatifs. En effet, si d'une part le soulagement des peuples exige de sévères économies, leur intérêt bien entendu impose la nécessité de donner au Gouvernement les moyens d'organiser convenablement l'administration, d'encourager le commerce et l'industrie, et de protéger notre indépendance.

C'est spécialement sur une partie du budget des dépenses de la marine que je desire appeler aujourd'hui votre attention.

J'ai parcouru nos colonies de l'Inde, je viens vous soumettre mon opinion à leur égard. Quant aux chiffres, je les ai puisés dans le budget, j'ai donc lieu de les croire exacts; mais si cependant j'ai fait erreur sur quelque point, vous y suppléerez facilement par les moyens que vous donne votre qualité de Députés, moyens qui ne sont pas à ma disposition.

Ce n'est pas d'aujourd'hui que j'ai conçu le projet que j'exécute, mais je n'ai pas cru devoir m'en occuper plus tôt, car aurais-je pu espérer d'être entendu sous un gouvernement qui sacrifiait beaucoup à son amour-propre, et fort peu à l'intérêt de ses administrés?

C'est une opinion pour le moins hasardée que celle qui a été émise parmi vous que la France n'était pas susceptible de briller en Europe comme puissance maritime. Les ombres glorieuses de nos Duquesne, de nos Suffren et de tant d'autres qui ont illustré notre pavillon, tressaillirent sans doute en entendant cette étrange assertion. Mais, Messieurs, pour reprendre le rang qui lui appartient, notre marine a besoin, comme toute chose en ce monde, que les fonds que vous lui allouez soient placés avec discernement; cette vérité banale se spécialisera dans la discussion que je vais ouvrir, et qui portera sur une proposition principale.

Nos colonies des Indes orientales sont onéreuses et inutiles, il faut les abandonner.

L'année 1814 vit rouvrir les communications maritimes, et la France, tournant les yeux vers les points du globe qui pouvaient attirer ses vaisseaux, dut s'apercevoir avec douleur qu'aucune ressource, qu'aucune protection ne leur étaient assurées dans ses colonies des Indes orientales. En effet, Pondichéry et Chandernagor ne pouvaient, aux termes des traités, recevoir aucun soldat européen, ni élever aucune fortification : le territoire dépendant de ces deux villes était à-peu-près nul et enveloppé de tous côtés par les possessions anglaises ; quelques comptoirs sans importance sur les deux côtes de la presqu'île en-deçà du Gange et au Bengale complétaient la dérisoire nomenclature de ce que le gouvernement de la Restauration appelait emphatiquement ses colonies de l'Inde ; du reste des fabriques nulle part, et des capitaux pas l'ombre.

Les ports de Bordeaux et du Havre furent ceux qui en France s'occupèrent principalement des armements pour l'Inde, et qui consacrèrent les fonds nécessaires à l'importation en retour de riches cargaisons. Sur quels points les armements furent-ils dirigés ? tous sans exception sur les colonies anglaises. Ils ne furent d'aucun secours aux nôtres et n'en tirèrent aucun profit.

Et en effet, Messieurs, des cargaisons d'importations aux colonies françaises ne peuvent être écoulées, puisque la consommation est excessivement restreinte, qu'il n'y a point de fortunes, et que les opérations commerciales les plus minces seraient d'ailleurs entièrement paralysées par la redoutable concurrence des grandes villes, telles que Calcutta, Madras et Bombay, qui sont en possession d'approvisionner Pondichéry, Chandernagor, Mahé, et nos autres comptoirs.

Nous ne pouvons non plus composer dans nos possessions aucune cargaison d'exportation, puisque, ainsi que je l'ai dit, il n'y a ni fabriques ni territoire, et qu'il nous faudrait tirer du territoire anglais par nos colonies des denrées qu'il est plus simple d'aller chercher à la source.

Tous les navires français armés pour l'Inde se dirigent donc, à quelques exceptions près, vers Calcutta, vaste cité, regorgeant de richesses, éblouissante de luxe, entrepôt du commerce du monde entier, point central enfin d'un immense pouvoir administratif et militaire.

C'est à Calcutta qu'affluent les indigos de toutes les fabriques de l'intérieur du Bengale, les sucres, les cotons, les salpêtres, les drogueries de l'Arabie importées par les navires de Mascate et de Juddah, les cachemires du Thibet, tous les produits enfin dont on peut charger un navire avec quelque chance de bénéfice.

Et pendant que Calcutta attire presque exclusivement les navires de toutes les nations, quel rôle jouent nos comptoirs? Le plus triste du monde sans doute, puisqu'ils ne peuvent rien ni pour la prospérité ni pour la sécurité de notre commerce. Lorsqu'il y a quelques années j'étais à Pondichéry, le respectable comte Dupuy, alors gouverneur, cherchait tous les moyens de donner quelque activité aux établissements dont l'administration lui était confiée ; mais bien qu'il eût aboli les droits de douane, bien qu'il offrît des facilités aux commerçants, ses bonnes intentions ont dû échouer devant l'impossibilité physique d'atteindre le but qu'il se proposait. Les attérages de la côte de Coromandel n'offrent aucun point de relâche, aucunes baies ; on mouille en pleine mer sur des rades foraines ; les embarcations qui vont à terre ont à lutter contre une barre souvent dangereuse ; et, ainsi que je l'ai dit plus haut, aucun fort ne peut protéger le commerce en temps de guerre, aucun produit ne peut le vivifier en temps de paix. A la côte de Malabar, Mahé ; au Bengale, Chandernagor et les loges de l'intérieur, sont des établissements au-dessous de la définition.

Il est donc temps d'entrer dans une voie plus en rapport avec les idées larges de notre époque ; il est temps que les préjugés cédent à un système bien entendu des intérêts des peuples.

On demande à grands cris des économies sur le budget en général, et le budget particulier de la marine n'est pas plus épargné que les autres. Dans cet élan dont le but est louable sans doute, on va jusqu'à vouloir retrancher des allocations qui sont la source d'avantages patents, et l'on passe à côté de dépenses en pure perte ; on parle de diminuer, que dis-je? de supprimer entièrement les primes de pêche qui encouragent de lointaines expéditions, auxquelles nous devons des marins intrépides et expérimentés, et l'on craindrait d'attaquer le luxe de nos prétendues possessions de l'Inde.

L'administration de la fortune publique peut s'appuyer souvent sur les mêmes erremens qui dirigent l'administration des fortunes particulières. Que voyons-nous donc faire, Messieurs, au père de famille dont la prudente sollicitude veut ménager à ses enfants un avenir d'aisance et de tranquillité? Conserve-t-il des propriétés de pur agrément qui absorbent des capitaux précieux? Non sans doute. D'un autre côté recule-t-il devant une dépense bien entendue qui doit augmenter plus tard la valeur de son héritage? Pas davantage. Ce serait donc un double non-sens que de tolérer au budget la dépense sans but et de retrancher celle dont le résultat avantageux, pour n'être pas immédiat, n'en est pas moins certain.

Il est une objection que je prévois et à laquelle je dois répondre à l'avance. Si l'on propose de renoncer aux colonies de l'Inde et d'entrer à ce sujet en arrangement avec l'Angleterre, des voix s'élèveront sans doute pour défendre l'honneur et l'intérêt de la France outragés à leur avis par des cessions de territoire. On parlera de notre pavillon banni des contrées orientales où jadis il brillait avec gloire. Mais de bonne foi, ne vaut-il pas mieux être privé de possessions que d'en avoir un simulacre dont on ne parle qu'avec un sourire d'ironie sur les lèvres, qui n'est là que pour témoigner de notre décadence, et qui, loin de nous être profitable, engloutit des capitaux que l'on emploierait fructueusement en Europe? Croit-on que Pondichéry, protégé par le souvenir du bailli de Suffren, reçoive encore les ambassades suppliantes des sultans de Mysore? Croit-on que Chandernagor révèle la moindre trace de l'influence de Dupleix? Hélas! les bastions de nos villes de l'Inde gisent dans la poussière; à peine quelques Cipayes ont-ils le droit de protéger la tranquillité et de prêter main-forte aux officiers de police. Qui sait en France ce que c'est que *karical* ou *yanaon*?

Le seul moyen de reconquérir quelque puissance dans l'Inde serait d'y envoyer des flottes et des soldats; mais cela est-il possible? et quand ce serait possible, quels dédommagements aurions-nous à espérer de nos immenses sacrifices? aucun, j'ose l'affirmer sans crainte d'être démenti, car la Compagnie des Indes anglaise a exploité le pays de manière à ce qu'il reste peu de chose à faire après elle.

Je persiste donc dans mon opinion : les colonies françaises dans l'Inde sont complètement inutiles à notre commerce et sont onéreuses au Trésor. Ces deux points prouvés, comme je crois l'avoir fait, la conséquence est facile à tirer : c'est qu'il faut les abandonner en stipulant toutefois pour les intérêts des fonctionnaires qui continueraient à résider dans l'Inde et en réservant les droits de ceux qui reviendraient en Europe.

Il en résultera un double avantage : l'économie dans les frais d'administration, et l'encaissement des indemnités auxquelles donnerait lieu la cession. Notre commerce serait bien plus efficacement protégé à Calcutta par un consul accrédité auprès du gouvernement anglais et constamment en rapport avec lui, que par l'intendant de Chandernagor éloigné de 15 lieues; et s'il était plus tard nécessaire, on aurait bientôt envoyé d'autres agents sur les lieux qui viendraient à fixer les yeux de nos armateurs. Nos navires arriveront sur les grands marchés de l'Inde comme ceux des États-Unis qui n'ont pas besoin de colonies pour entretenir d'immenses relations avec tous les points commerçants du globe.

Le budget présente pour les colonies de l'Inde une recette égale à la dépense, ce qui paraît même au premier coup d'œil assez singulier. Le chiffre total de l'un et l'autre service est de 946,341 fr.; mais il est à remarquer qu'une grande partie de la recette, telle que la ferme de l'opium et du sel, résulte de nos traités de 1814 avec l'Angleterre qui l'a rachetée moyennant une somme fixe. La perception de cette somme peut se faire sans frais à Londres ou à Calcutta, ce qui serait d'une notable économie. Les appointements des fonctionnaires militaires ne figurent point séparément au budget, ce qui augmente la dépense. Il en est de même des chefs de loges ou comptoirs de l'intérieur de l'Inde qui vivent sur les revenus des colonies et ne sont absolument d'aucune utilité. La dépense devant être augmentée d'un côté et la recette diminuée de l'autre de tout ce qu'on peut recouvrer sans l'intervention de l'Administration coloniale, on voit de suite de quel côté est la balance. Le gouvernement anglais au contraire, bien mieux placé que la France, tirerait de nos colonies un meilleur parti que nous, parcequ'il administrerait plus économiquement. Il attacherait donc un prix assez élevé non seulement au territoire que nous céderions, mais encore au rachat des rentes qu'il nous fait pour l'opium, etc., dans le cas où notre gouvernement voudrait y renoncer.

Ma tâche est terminée, du moins quant aux documents spéciaux que je pouvais fournir sur la question de nos colonies de l'Inde. Cependant j'ai dit un mot en passant des primes de pêche, et il serait bien à desirer que cette question fût on ne peut plus approfondie à la Chambre, car je suis convaincu que là désormais se trouve l'un des éléments les plus féconds de notre importance maritime.

Les armateurs baleiniers du Havre ont député, auprès de la commission chargée d'examiner le projet de loi sur les primes de pêche, un estimable négociant qui a publié sur la pêche de la baleine en particulier des observations pleines de faits et d'arguments concluants. D'autres observations ne manqueront pas sur la pêche de la morue; Saint-Malo, La Rochelle, Dunkerque, etc., renferment des commerçants éclairés qui descendront avec avantage dans l'arène de cette discussion; je n'ai donc point à m'y arrêter. Je répéterai seulement, comme réflexion générale, que le temps me semble arrivé où l'on doit abjurer beaucoup d'anciennes traditions qui jusqu'ici ont été réputées articles de foi.

Les besoins nouveaux et toujours croissants de notre industrie doivent exciter vivement le Gouvernement à chercher les moyens de lui ouvrir des débouchés. Si nos colonies nous échappent, pourquoi ne jetterions-nous pas les yeux autour de nous, et n'irions-nous pas, à l'aide de traités de commerce larges de conception, briser les barrières qu'élève autour de nous la fiscalité des douanes d'Europe? Ce sont de bien graves questions et dont la solution dans un sens vraiment libéral peut réagir efficacement sur le bien-être des peuples. M. Huskisson dont l'Angleterre, je dirai plus, le monde entier doit déplorer la perte, a mis au jour de nouveaux systèmes de douane dont l'application a fait écrouler une foule d'idées reçues. Il est prouvé aujourd'hui que les théories qui ont pour base la prohibition exclusive peuvent en particulier protéger des individus, mais sont en définitive préjudiciables aux masses. La raison en est facile à établir : si un État repousse brutalement les produits de son voisin, celui-ci en agira de même, et la conséquence inévitable de ce système sera, lorsque l'industrie aura encore marché dans certaines parties de l'Europe, de parquer, pour ainsi dire, chaque peuple chez lui, et d'anéantir d'un coup les communications et tous les bienfaits qui en découlent.